JN409162

이재권 시집

너 있으니 내가

도서출판 진실한 사람들

| 시인의 말 |

아침에 일어나 창밖을 내다보니 까치 한 마리가 까악 까악 내려다 본다. 어깨를 바짝 낮춘 고양이가 무언가를 뜯고 있다.

잠시 한 점, 머물렀던 시선이 그곳을 떠나 고양이, 까치, 사람으로 돌아갔다.

사람마다 다를 수 있을까. 자연과 사물에서 받은 느낌을 가슴에 재웠다 펼쳐보았다.

詩는 생물인가! 볼 때마다 다르게 살아 움직이고 때론 맛난 음식이 되어 헛헛한 머리를 채워준다. 시의 그윽한 마력으로 누군가와 함께 마음이 언제나 부자였으면 한다.

2017년 2월

道泉 李 再 權

차 례

1부 구름 타고 놀다

2부 그리운 질목마을

3부 새벽에 달그림자

4부 물새 되려다

5부 금정방 참새

1부

구름타고 놀다

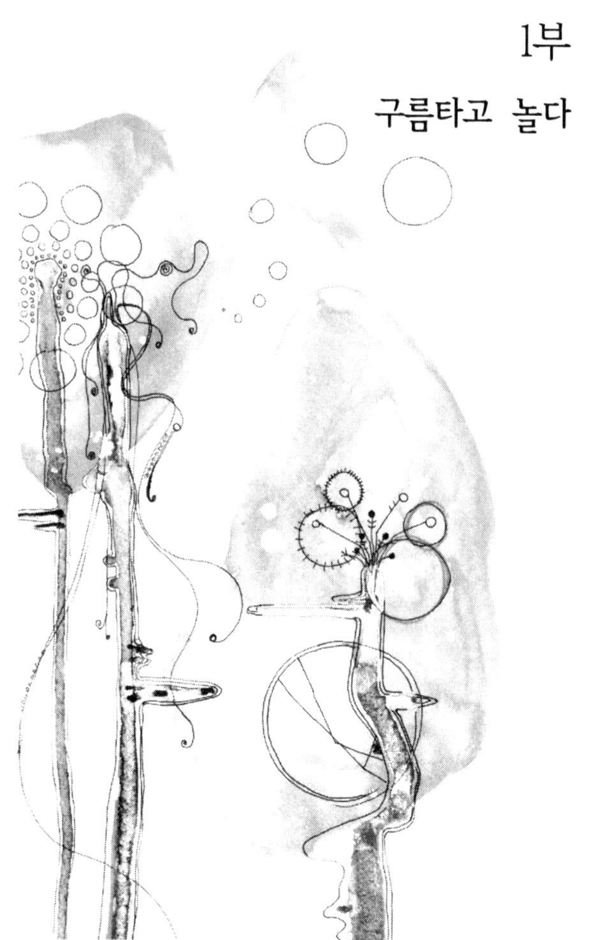

탄금대

신라의 악성 우륵
가야금을 탔다는 탄금대
신립 장군 배수의 진치고
왜적과 싸웠다는 탄금대

흘러가는 강물 맑고도 조용하다
남한강물 달천강물 부둥켜안고
열두 대 밑에서 춤추다 굽이쳐 흐르는데
맑고도 은은한 가야금 소리 어디 갔나

가슴 펴고 마음으로 바라보니
가야금 읊는 소리 병사들의 싸움 소리
저 멀리 들려온다
가야금 열두 줄에 사랑을 실었을까
물소리 바람 소리 새소리만 실었을까

가야금 읊어도 배수의 진을 쳐도
강물 흘러가듯 세월이 날아간다

덕유산 가을 나들이

적상산 상부 댐
하늘에다 둑 쌓아 정화수 받아 놓고
보이는 봉우리마다 색동옷 입었다
하늘과 땅 사이에 단풍 꽃이 피었네

백련사 가는 길
단풍 뿌려 덮어놓고
찬란한 아침 햇살 나무 사이로 달려오고
낙엽은 바람결에 사뿐사뿐 내린다

향적봉 산마루
곤드라 타고 오르는데
눈앞에도 발밑에도 지나가는 나무마다
낙엽이 떨어지며 안녕 하며 손짓한다

고요한 리조트
창문 열고 내다보니
오락가락 내리던 비 밤이 되니 그치고
동쪽으로 가는 구름 달빛을 가린다

아름다운 단풍 구경 즐겁기도 하지만
떨어지는 낙엽 보니 한해가 저무네

정동진

정 동쪽
해맞이 달맞이 가는 정동진
가을비 내린다
쓸쓸한 백사장 외로운 파도 소리
길손들은 어디가고
두 사람 뿐일까

세찬 바람에 일렁이는 동해 바다
망망한 수평선에 이내 몸 놓아본다
자연 속에 인간이란
바람에 흩날리는 하잘 것 없는 빗방울
관동팔경이 어디더냐
이경은 두고라도 육경인들 어떠리
가고픈 동해 바다

강원도 가는 길

산 만나면 굴 뚫고
강 만나면 다리 놓고
높은 곳은 쳐 내리고 낮은 곳은 메우고
넓히고 고루고 포장하여 강원도 가는 길
태어났네

머 언 산꼭대기에 뭉게구름 걸리고
쭉쭉 뻗은 도로가 산허리를 휘어 감고
졸졸 개울물 속마음을 속삭이고
캄캄한 밤하늘엔 은하수가 물결치네

낮이나 밤이나 아름다운 강원도 길
고속 기찻길 뚫리면
멀었던 강원도 내 곁에 둘 거야

경포대

밀려오고 쓸려가는 바닷물 따라
파도에 젖은 모래알 밟고 살금살금
걷는다
파도 따라 뛰놀며 날 잡아라 날 잡아라
모랫바닥에 엎어져 모래알 움켜잡고
가는 나이 아쉬운지
옷 입은 채 바닷물에 첨벙첨벙

바다 냄새 솔향기 뒤섞인 경포대
달 네 개 뜬다던데
하늘, 바다, 호수, 술잔에도 없는 달
구름 속에 빠졌나
둥근 달 만날 때까지 눌러앉아 볼까.

고속버스 타고

따끔한 햇볕이 창문 뚫고 들어온다
온 들판이 노랗다
눈으로 먹었더니 배가 가득하다

창밖에 금강이 이무기처럼 지나간다
강 건너 산은 가을 옷 갈아입고
강물은 호수처럼 고요하다

물 위에 산 그림자 나를 에워싸고
보를 넘는 물살
하얀 치마 펼치고
보 밑에 피라미 떼 펄쩍펄쩍 솟구친다

하늘에 조각구름 두둥실
서산에 걸린 해 뉘엿뉘엿
집 찾아 달려간다.

욕지도 가는 길

사람 싣고 차 싣고 뱃고동 울리고
한려수도 욕지도로 미끄러져 간다
잔잔한 아침 바다 섬들은 둥실둥실
구름은 시커멓고 겹겹으로 싸였는데
아침 해는 뜨려고 구름 틈을 비집는다

문전옥해(門田玉海)로 나가는 어부는 말이 없고
통통배는 통 통 통
뒤따르는 갈매기 아침 달라고 끼욱끼욱
잔잔한 아침 바다 햇살 받아 반짝반짝
바다 가르는 뱃머리에 파도는 찰싹찰싹
안개 같은 물보라 갑판 위로 튕겨주고
뱃전에 선 나그네 소금기가 촉촉하네

엉거주춤 덮어쓴 모자
바람결에 날릴까 봐 모자 끈 당겨 매고
여객실로 갑판으로 들락날락 하다 보니
욕지도가 보인다
뿌우웅~ 뱃고동 소리
아름다운 욕지도 눈앞으로 다가온다.

바람 마중

날 밝으면 바람 불다
해 넘어가면 하루 가고
휘영청 보름달은 한 달 만에 찾아온다

훈훈한 바람 산 넘어오다
산으로 들로 다니며 겨울잠 깨우고
무더운 바람 불다 태풍 되어 몰아치면
나뭇가지 찢어지고
쌀랑한 바람 불면 무성하던 나무도
낙엽지고 나목 되네
눈보라 몰아치면 한해가 떠난다

벗겼다 입혔다 하는 바람
몸도 마음도 움직인다
어떤 바람 불어올까 바람 마중 나선다

어부사시사 들리는 곳

보길도 가는 뱃전에 기대었다
땅 끝이 물러가고 어부사시사 들려온다

뒤에서 미는가 물 밑에서 미는가
거품 길 만들며 둥실둥실 미끄러져 간다
지국총 지국총 어사와

잔잔한 바다에 바둑판이 놓였다
신선이 내려와 누구랑 바둑 둘까
배 세워라 배 세워라

산양 항에 배 닫는다 자동차가 나온다
배 안에서 뿔뿔 기어 가재처럼 나온다
배 붙여라 배 붙여라

갈매기 어디 갔나 보이질 않는다
상큼한 바다 내음 콧구멍이 벌렁벌렁
닻 내려라 닻 내려라

아침 공기 맡으며 갯돌해변 거니는데
밀려오는 물결 따라 솔솔바람 불어온다
길 멈춰라 길 멈춰라

에미몽돌 새끼몽돌 손바닥에 얹어놓고
제주까지 가라고 돌팔매를 쳐본다
배 띄워라 배 띄워라

아름다운 보길도에 "지국총 지국총 어사와"
어부사시사 들려온다.

계림 산하(桂林山河)

계수나무 많다는 중국 계림에
임 같은 보름달 동산(東山)에 떠오르니
하늘에 계수나무 땅에도 계수나무

이강(漓江)에서 배 타고 산하(山河)를 바라보니
산으로 병풍치고
물안개 떠올라 하늘은 뿌옇고
들판은 초록초록
물그림자 아른아른 영롱하고
흐르는 강물은 흐느적대며 말이 없네

온 들판이 산수화 그 속에 내가 있다

하늘에서 떨어졌나, 땅에서 솟아났나
돌덩이 뻥튀기하여 나무를 심었나
돌무더기 같은 산 즐비하게 놓여있네
돌덩이 떨어질까 붙은 나무 쏟아질까
산 밑을 지나니 걱정이 태산이다

아름다운 산하를 치맛자락에 담아
내 집 근처에 모아두고
지나가는 나그네 쉬어가라 하고 싶네.

구름 타고 놀다

빼곡한 머리카락, 만져보고 흔들어보고 숨바꼭질하다 무리지어 손잡고 숲 밖으로 나온다.

훤하고 반질반질한 이마, 축구장 같은 넓은 마당 햇살에 반짝이는데 고랑 따라 달리고 뛰놀다 미끄러진다.

이마 밑자락에 방죽 같은 눈썹, 억새밭이 양옆으로 뻗었다. 태풍이 몰아쳤나 아이들이 뛰놀았나. 억새 쓰러져 억새밭 뛰 넘는다.

민둥한 눈꺼풀 밑에 감춰진 까만 눈, 경계를 멈출세라 등대 같이 깜박이며 쉴 새 없이 구른다. 밝은 눈이 말한다. 세상이 다 보여도 나쁜 것은 보지마라.

양 눈 사이 통마늘 같이 둥근 코, 잔등 밑에 빼끔한 터널 두 개 있어 얼기설기 얽힌 숲 비집고 들여다보니 끈끈한 젤리 붙어 있다. 재채기하니 폭풍 몰아칠 듯 토네이도 일어난 듯 온몸 흔든다.

터널 아래 널따란 구렁텅이 입, 옆으로 찢어져도 하품하면 밑으로 쭉 찢어진다. 마을 안에 성 쌓아 날카로운 이빨 꽂아놓고 평평하고 푹신하고 불그스레한 혀로 카펫 깔고 돌아올 수 없는 어두컴컴한 터널 뚫려 있다. 이곳에 빠진 놈들 헤어나지 못하고 퀴퀴한 냄새 올린다. 입 언저리 볼록한 입술에서 잠시 쉬다 내려다 보니 턱 마을 보인다. 천 길 낭떠러지 언덕배기에 자라는 까끌까끌한 짧은 수염 잡으려 해도 잡을 수 없다. 훌쩍 뛰었더니 폭포처럼 떨어진다.

구름 타고 놀다 머리 숲에 내린 비 여러 마을 여행하고 나그네 몸 벗어나 하염없이 굴러간다.

밤하늘의 별 야구공

치고 달리는 야구장
방망이 치켜들고
달려오는 하얀 공 냉큼 때려 친다
'퍽' 하면 제자리
'딱' 하면 달린다.
판정 내리는 아저씨 문어춤 춘다

높은 조명탑과 대낮 같은 야구장
밤하늘의 별이 된 하얀 야구공
비행기처럼 오르다 반딧불처럼 날아간다
때리면 달리고 받으면 던진다

고막 터질 듯 야구장 꺼질 듯
손뼉 치다 벌떡 서서 고함지른다
시끌버끌 하여도
나름대로 질서 있고 즐거움 있다
시원하고 시원한
밤하늘의 야구장 하얀 야구공.

고로쇠 추억
-금정회 봄 마중

추억을 만들었다
축령산 수동계곡 고로쇠 물 먹었다

가고 오는 찻간에 고성이 오가고
썰렁하던 빈 방에 전기난로 군불 넣고
방석 깔고 앉아
비둘기 노루 손으로 때려잡고
매화 모란 국진 꺾어 무릎 앞에 펼쳐놓고
고로쇠 물 마신다

주머닛돈 오가다
가슴속에 숨겨 둔 인내심도 오간다
내일이면 추억이다
다음에는 무엇으로 추억을 만들어 볼까

백마고지

화약연기 속
총 쏘며 죽이고 죽고 도망치고
죽기 살기 싸웠다
병사들 함성이 저 멀리 들려온다

27만 5천여 발의 포탄 날아들고
1만 3천 4백여 사상자 나고
열흘 동안 24번 주인이 바뀌었다

치열한 전투로 수목은 날아가고
백마가 누워 있는 백마고지
철원 벌판 품 속에 포근히 안겨 있다

백마는 어디 있나
숲속에 숨었나 하늘로 날았나
언제 뛰쳐나올까
북녘 땅 오성산 호시탐탐 내려본다

망주석

기울어진 망주석
가을바람 억새 숲에 멥새 뛰놀고
한 시대를 호령한 종2품 참판 '엄경하'
누구인 줄 몰라도
生老病死 여정을 속절없이 걸었구려
무덤은 내려앉고
이끼긴 망주석 기울어져 가네
지나온 여정은 하룻밤의 꿈이었네

나무가 나무라서

-춘천 화목원에서

길 가다 보았더니
나무가 그저 나무였다
학명, 분포지역, 서식장소, 용도, 성상*이 어떻다고
해설을 듣고는
나무가
나무가 아니고 나무더라

비 오나 바람 부나 눈보라 몰아쳐도
꾹꾹 참고
살아도 죽어도 쓰이는 곳 있다
나무가 나무라서 다시 본다
볼수록 나무가 나무더라
나무의 고마움을 이제야 알았다.

*성상 : 성질과 상태

산호섬에 아름다운 모래가

-태국 파타야 산호섬에서

아름다운 산호가
머릿속에 그려진다

보트 달려 내린 발끝
새하얀 모래 맛
산호는 어디에?
옥빛 바닷물에 몸 띄워놓고
이국땅 산호섬에 내가 머문다

왔다가 가는 것이
남기고 가는 것이 만물의 섭리라고
산호는 아름다운 모래를 남겼네.

2부

그리운 질목마을

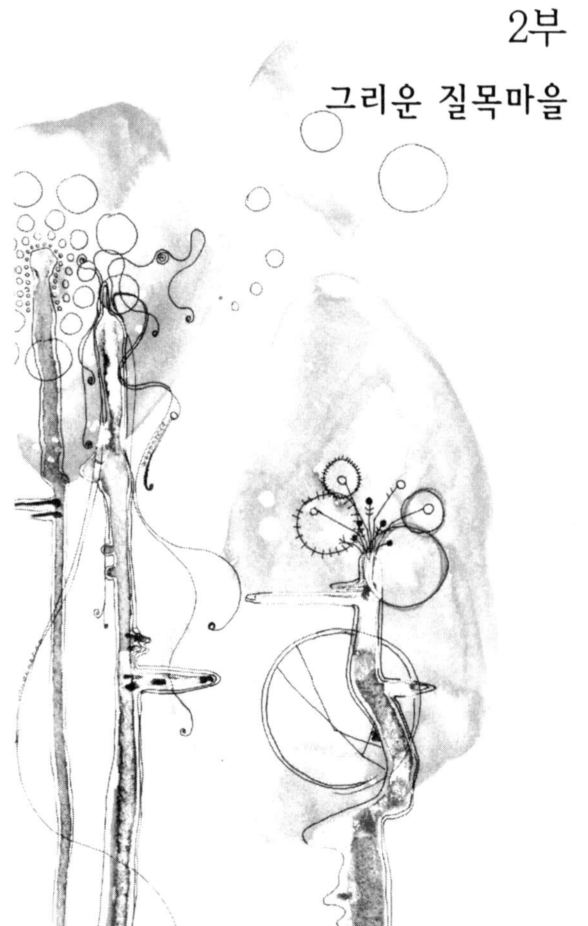

그리운 질목마을

황새등 꼭대기에 황새가 춤추고
산이골 골짜기에 참꽃*이
만발하고
만하봉 허리에 구름 띠 매였구나!

별똥산 기슭에 별똥 따는 아이들
번덧골 골짜기에 소 먹이는
아이들
산이골 골짝에서 미꾸라지 잡고 있네!

한밤중 우는 야시*
뒷골에서 놀고 있고
아이들 무덤 많은 개장골은 으슥해도
내가 살던 질목동네
그립기만 하는구나!

*참꽃 : 진달래

*야시 : 여우의 방언

별똥산

1.
여름 밤 시골집 마당
대나무 평상에 누워 하늘을 본다

별이 똥을 싼다
오줌을 싼다
오른쪽에서 싸도 왼쪽에서 싸도
모두 별똥산으로 떨어진다

날이 새면 별똥산에
별똥 주우러 갈 테야

2.
별똥산 산마루 별똥나무*
별똥이 주렁주렁
알롱달롱 이쁜 열매
새콤달콤 맛난 열매

어릴 적 별똥산 별똥이 많았었지
지금도 별똥산
별똥이 모여 있네

하늘 같이, 별 같이 살아온 사람들
별똥처럼 모여 묻혀 있네.

*별똥나무 : 뽈통나무, 보리수의 일종

학교 공부 끝나고

산길로 가면서
삐삐*도 뽑아먹고
할미꽃 만나면 할미꽃 노래하고

보리밭 지나면 깜부기* 뽑아 먹고
뽕나무에 올라가 오들개* 따 먹으며

얼굴에 새까맣게 그림을 그리면서
산모퉁이 돌아서니 방아 소리 들려온다

통통통, 통통통 우리 집 방아 소리

*삐삐 : 띠풀의 방언

*깜부기 : 깜부기병에 걸려 까맣게 된 곡식의 이삭

*오들개 : 오디의 방언

아버지 마중

장에 가신 아버지 왜 이렇게 안 오실까
자정이 다 되어도 오시지를 않네
캄캄한 밤중인데 행여나 어떠실까
호롱등불 받쳐 들고 아버지 마중 나선다

산모퉁잇길 돌아드니 인기척난다
행여나, 귀 모아 들어보니 아버지 향기 느껴진다
가까이 오시는데 헛기침 소리 난다
-아부지!
-왜 이제 오냐?
옷에서 풍기는 시큼한 홍시 냄새
약주를 잡셨을까, 홍시를 잡셨을까
-한 잔 했다
반가워하시면서 꾸중을 하신다

늦게나마 오시니 마음이 놓인다.

시골 파리

파리야 귀찮은 파리야
돼지우리 외양간 이곳저곳 돌아서
차려놓은 밥상에 어김없이 오는구나
밥상 앞에 앉으며 손발을 비벼댄다

낮에는 이곳저곳 쉴 새 없이 다니다
밤이 되면 어두워서 집안으로 들어와
벽이나 천정이나 아무데나 붙어 자고
전등불 줄에도 대롱대롱 붙어있네
늦잠 자는 사람은 빨리 일어나라고
낮잠 자는 사람은 낮잠 자지 말라고
얼굴을 간질인다

자는 얼굴 간지렀다 사람 손에
자는 사람 성이 나면 파리채에 맞아죽고
뿌리는 파리약에 온가족이 몰살하네
이래저래 파리 목숨 틀림없다.

아라 고분 길

어릴 때 산길은 찾을 수 없구나!
뫼똥* 따라 둘레길 생기고
길도 바뀌고, 이름도 바뀌었네
밭 언덕에 오들깨* 나무 산으로 이사하고
정답던 이름도 오디로 불리네
삐삐*는 어데 갔나 보이질 않구나

길가에 산딸기 옹기종기 모여앉아
내미는 내 손 잡고
그동안 무얼 했나 어데 가서 무얼 했나
이야기 해달라고 자꾸만 졸라대고
언제 올래, 언제 또 올래, 약속을 하란다

육십 세월 흐르고, 고분 길이 바뀌어도
오늘 걷는 이 길은 정답기만 하구나!

*뫼똥 : 아라가야 왕의 무덤으로 추종되는 37기의 고분군
*오들깨 : 오디의 경상도 방언
*삐삐 : 띠풀의 방언

꼴망태 메고

방문이 부유스름하니 날이 밝아온다
눈 비비며 일어나 꼴망태 메고
우리 집 소 좋아하는 바래기* 찾아
이 논 저 논 살펴보고 논두렁 타는데
새벽에 내린 이슬 바짓가랑이 적셔주네

논두렁 옮겨가며 한줌한줌 베어
꼴망태 채웠네
불룩한 꼴망태 소외양간 앞에 놓으니
우리 소, 으흐흠~ 하며 벌떡 일어나면서
코 흘기며* 냄새 맡고 반가워한다

황소 앞에 한 무더기, 암소 앞에 한 무더기
아침 꼴 주었더니
젖 먹던 송아지 꼴망태 물고 껑충껑충
바래기문 어미소 나를 보고 웃고 있네.

*바래기 : 바랭이, 잔디의 일종

*코 흘기다 : 코를 이리저리 움직이는 모습

마루에서 소나기를 바라보다

하늘에 먹구름이 겹겹으로 쌓이고
번개가 번쩍, 뇌성 소리 따라오자
빗방울 떨어진다
놀란 닭 갈팡질팡 닭장으로 피하고
구수한 흙냄새 뭉클 풍긴다

마루에 걸터앉아
처마 끝에 떨어지는 빗물을 하염없이 바라본다
장대 같은 소나기 쏴아~ 쏴아~ 내리는데
추녀 끝에 모인 빗물 주르륵 주르륵 떨어지고
물 고인 마당에 물거품이 둥둥 뜬다

한줄기 뿌린 구름 물러가나 하였더니
또 한줄기 하려나 먹구름 모여든다
말복 더위 지나고 소나기철 지나면
곡식 익는 냄새가 온 들판을 채우겠지…

외할배와 낚시

장마 끝나고 강물 불으니 물고기 몰려온다
외할배 나를 보고 낚시하러 가자신다

보리밥풀 퍼 담고 지렁이 파 미끼통에
보자기에 도시락 싸고
소낙비 올까, 삿갓 준비도 하라신다

큰 고기는 보리밥풀, 잔챙이는 지렁이
낚싯줄 던져놓고 낚시찌만 바라본다.
간들간들 움직여 당길까 말까 망설이다
옛다!
하고 당기니 미끼만 없어졌다
또 다시 소식 있어 물기를 기다리다
이번에는! 하고 당기니 묵직한 게 움직인다
팽팽한 낚싯줄 당겼다 놓았다
이리저리 끌어대다 당기니 끌려온다

한낮 땡볕 피하려고
장대에 삿갓 꽂아 그늘 만드는데
간들간들 낚싯대 끝에 잠자리 앉고
물총새는 물을 차고 날아간다

잔잔하던 강 물결 샛바람 불어 출렁이고
해 넘어 가려하니 이제 그만 가자신다
낚싯대 건져 간추리고
고기망태 손에 들고 강둑을 걸으니
길바닥이 흔덜흔덜 물결처럼 출렁이고
근엄하신 외할배, 내 손을 잡으신다.

대나무

죽순이 솟아나
일 년 만에 다 자라고
살아가는 평생 동안 몸만 다져 가는구나

바람 불면
흐느적거리며 휘어져도 꺾이지 아니하고
바람이 가고나면 곧게 서서 하늘만 바라보네

맺힌 한이 많은지 마디도 많구나
단단하기는 하지만
한평생을 살려고 속을 텅텅 비웠네

비 오면 빗소리 바람 불면 바람 소리
여러 소리 모아서
교향곡을 연주하네

대나무 밭에 자리 펴고
솔솔바람 맞으며 한 더위를 피하는데
바람결에 대나무 잎 살랑살랑 춤춘다.

몽당연필

창고 정리하다
어릴 때 쓰던 몽당연필 찾았다

연필심은 부러져 몽탕한 그대로
칼로 깎으니 뾰족한 연필심 나오고
종이에 긁어보니 새까맣게 써진다

연필심 독 있고 부러지기도 하는데
생각나면 아무데나 들이댄다
감당 못할 낙서까지

글을 써 보려는 마음 꺼내 만지작만지작
어디에다 써 볼까

만하봉에 올라

만하봉 오르려고
옛길 찾으니 흔적이 흐릿하다
서재골 지나는데 옛 생각이 새롬새롬

알밤 줍고, 칡 캐고, 토끼몰이…
아침에 올라 야호~야호~ 하던
만하봉 봉우리에 발길 멈춘다
솔 너머로 보였던 나 살던 마을
소나무 사이로 보인다
뛰놀던 강아지 꼬꼬닭 어디로 갔을까

좁다란 산마루
산바람 달려오고 산새 재잘재잘
뛰놀던 동무들 어디서 무얼할까
뒤돌아보는 만하봉
산마루에 구름이 넘는다

너 있으니 내가

너 있으니 내가 있다
햇빛 하고 그림자가 이야기하고 있네

너 있으니 내가 있다
연인끼리 소곤소곤 이야기하고 있네
노인 부부 손잡고 이야기하고 있네

너 있으니 내가 있네
네가 나를 비추니 나의 모습 보이네

버들피리 생각

봄기운 난다
시냇물 졸졸 소곤대며 흐르고
냇가에 버드나무 몸 색갈이 변하였다
버드나무 가지 꺾어 버들피리 만들고
송아지 송아지 얼룩송아지…
피리 불고 흥얼대며 갱빈* 길로 걸었지
불다가 망가져
버들피리 끝 잘라 해때기* 만들고
해때기 소리는 한 음정이 높았지
지나가는 어르신 피리 불면 뱀 나온다 하시어
망가진 버들피리 냇가에 던졌지
버들피리 어디 있나
그 동무들 어디 있나
버들피리 불어대던 그 날이 그립네.

*갱빈 : 시냇가, 하천가 의 경상도 방언

*해때기 : 짧은 버들피리. 호드기의 경상도 방언

마애사(磨崖寺)에

가을비가 짓궂다
산 오르던 등산객 오던 길 내려간다
방어산 마애사 극락보전
찾아온 나그네
나무아미타불 관세음보살
玄風郭氏德伊靈駕에 합장(合掌)한다

돌아올 길 없는 길
이 세상에 내 것이 어디 있나
쓰다가 모두 버리고 갈 것을….

숙연한 경내
곱게 물든 단풍 하나둘 떨어지고
방어산을 휘감는 안개구름 따라
우산 쓴 나그네 마애사 내려간다.

문디이 자석아

어이! 오래마이다, 문디이 자석아
우째 그리 연락이 없노
탁, 쎄리삘라!
요새 형편이 좀 쪼치서 그랬다
그라모 그렇다 쿠지
문디이 자석아!
니가 굴쿠니 굴쿠지, 우째 내가 먼저 굴쿠나

니캉 내캉 만나모 우째 이리 좋노
구실치기, 때기치기, 숨바꼭질하며
떼까리씨고, 실겡이하고, 씨부리고 놀다가
우리 말캉
너거 아부지한테 죽도록 뚜디리 맞았다아이가
보쌀끼리는 정지에서 부지께이로 장난치다
너거 아지매한테 씨겁하고
욕보이소 하고는 도망치던 옛날을 알랑가 몰라

핵교 갔다 오다
봄에는 뽕나무에 오들깨 따 묵고
가실에는 나락논에 매때기 잡고
질 가다 빳빳한 꼬장카리 주우모
총 쏘는 숭낸다고
울타리에 참새도 전주고,
하늘에 구름도 전주고 했다아이가
개울에는 새비, 거무리, 고디가 쌔애빗고
까레이불이 날아 다니던 옛날을 알랑가 몰라

누가 머라캐도
얼랄 때 자라난 고향이 좋았다아이가
문디이 자석아!

요강단지

반들반들 요강단지
키 작고 똥똥하고 배는 뽈록
서산에 해 지면 마루에 머물다
어둡고 추워지면 방으로 들어간다

잠자다 마려우면
더듬더듬 찾아 무릎 꿇고 앉아
볼일을 본다
어슴푸레 날 밝으면 밖으로 나가
채운 배를 비운다

오동통 요강단지
우물가에 모여앉아
우물물로 채우고 함박웃음 웃고 있다
할일을 하였다고
빙그레 웃으며 오늘밤에 또 만나잔다

누구랑 마주할까

을지로 지나는데
오장동 냉면이 손짓한다
유혹에 못 견뎌
식탁에 앉으니 냉면도 앉는다

젓가락 잡고
휘젓고 감아 치고 양념에 굴려
야금야금 씹으니
매콤하고 시원한 맛 입안 가득하고
뜨거운 육수 한 잔 입속이 상쾌하다

혼자는 외롭고 한번은 아쉬워
오장동 냉면 맛
누구랑 마주할까

워리워리

뒷집 개 부랑터니 새끼를 낳았다
복슬복슬 강아지 아장아장 걷더니
눈 오는 들판에서
아이들 하고 뛰놀며 입맞춤하고 있네

강아지는 귀엽더니 개가 되니 사납다
밤에는 집 지키다
마실 갔다 오는 주인 소리 듣고
껑충껑충 뛰어나가 꼬리치며 반긴다

마루에 놀던 아이
마당이나 마루나 아무데나 응가 하여
독구야*, 워리워리~ 손 짚으며 부르니
잽싸게 달려와 혓바닥으로 싹악싹악

가마솥 누룽지 개 밥그릇에 부어주니
벌떡벌떡 먹는다
밥 먹는 개 방해마라, 주인도 몰라본다

귀엽고 사나워도 너 탐내는 사람 많더라
더운 여름 조심해라, 주인도 믿지 말고!

*독구(Dog) : 지어진 이름 없는 개의 통칭

3부

새벽에 달그림자

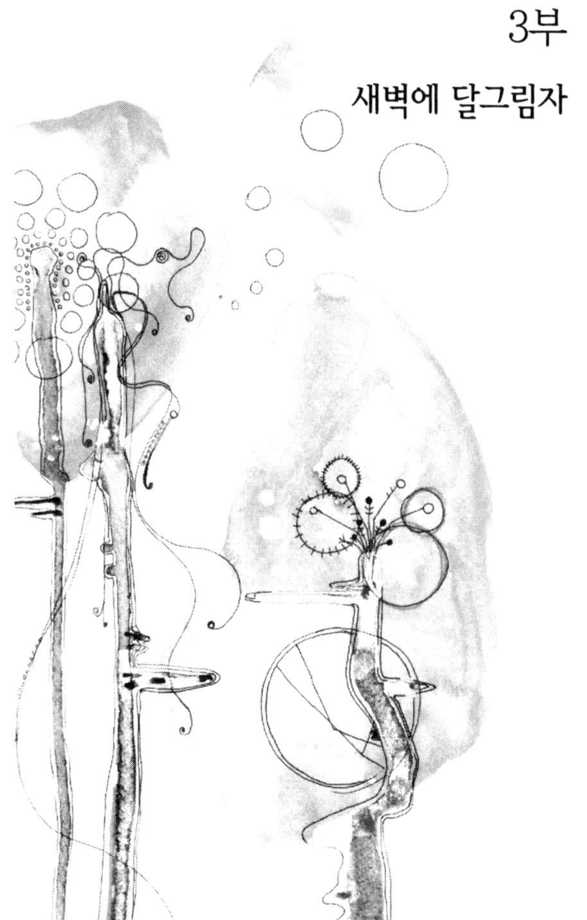

사람도 구름 같이

높고 맑은 하늘에 조각구름 떴다
지나가는 구름일까 머무는 구름일까

뭉게구름 몰려와
하늘에 커튼치고 비 뿌리다
바람타고 가는구나

온다고 좋을까 간다고 좋을까
오다가다 머물다 제 갈 길로 가는 구름
사람도 구름 같이 머물다 가는구나

영산홍 꽃잎

어젯밤 비 내려
영산홍 꽃잎이 떨어졌네
낮에 또 비 내리면
남은 꽃잎 또 떨어지겠네

아슬아슬 붙어 있는 너의 모습 애처로워
지나가는 사람들 아쉬워한다

밤사이 떨어져
땅 바닥에 누워서
달려 있던 꽃가지를 하염없이 쳐다보는
네 마음 몰라주고
청소부 아저씨 빗자루로 쓸어가네

매미 소리

낮에도 밤에도
맴 맴 맴~ 매애앵~

가느다란 나뭇가지에
허물 벗어 붙여놓고
자기 세상 왔다고
맴 맴 맴~ 매애앵~

여름이 간다고
한평생이 간다고
푸른 나무로 옮겨가며
맴 맴 맴~ 매애앵~

몇 년을 기다리다
십여 일 노래하니
기다림이 아깝다고
맴 맴 맴~ 매애앵~

새벽에 달그림자

새벽 닭 우는 소리
방문을 열어보니 마루가 훤하다
눈이 내렸을까, 서리가 내렸을까

마당에 내려 손으로 만져보니
달그림자였네.
앞 집 지붕에도 앙상한 나무에도
하얀 달그림자

꼬끼오 꼬끼오 새벽 닭 소리
하늘에는 시월 상달
달그림자 거두어 서산으로 넘어가네

낙엽이 앉아 있네

비 오면 비가 앉고, 눈 오면 눈이 앉고
아이 어른 모두가 쉬어가는 공원 의자

비 내리고 바람 불어
낙엽이 쓸쓸이 앉아 있네

겨울이 온다고 준비하라네
한해가 간다고 해 마무리하라네

공원길 빈 의자
비에 젖어 낙엽이 쓸쓸이 앉아 있네

탄천의 잉어야

징검다리 건너다
내려 본 물 밑
희미한 물속에 잉어 떼 흐느적댄다

뒤우뚱 몸 뒤집어
황금빛 뱃살 뻔쩍인다
물살 따라 오르다 힘 빠졌나
맥없이 어슬렁댄다

맑은 물이 그리운지
주둥이만 뻐끔뻐끔
힘 좋고 날쌘 물고기의 대왕
살 곳이 못 되나 보다.

봄이 온다고

우수(雨水) 지나니
봄소식 들린다
창밖에 이슬비 부슬부슬 내린다
소나무 끝에 내린 비 솔잎 타고 내리다
방울방울 맺힌다
봄 한 움큼 거머쥐고
수정 같이 맑은 봄 방울 되었네

봄소식은 오는데 봄은 오지 않네
이달일까 내달일까
벌이랑 나비가
몰고 올까, 끌고 올까, 타고 올까
동네방네 다니며 온다고 알려줄까
봄이 온다고

봄 눈 내린다

봄이 오는데
눈이 펑펑 내린다
꽃망울 추울까 살며시 덮어준다

해가 뜬다
비 되어 내린다
꽁꽁 언 대지가 목마를까
살금살금 뿌린다

꽃망울 빙그레 웃음 짓고
바람 앉은 나뭇가지 살래살래 손짓하니
봄 오는 소리 귓전에 들린다

눈이 내린다
봄비 되어 내린다
봄이 내린다
세상이 스르르 녹는다.

남새밭에 상추가 너풀너풀

이른 봄 씨앗 뿌려 상추가 돋아난다
봄비 맞으니 어깨동무하였네
아침에 파릇파릇 한낮에 시들시들
서산에 해 지려니 입 벌리며 웃고 있다

이파리 꺾으니 하얀 진물 흘리며 몸부림치다
내리는 봄비에 너풀너풀 춤춘다
먹으면 졸음오고 답답하던 가슴에 맺힌 한 풀어주려고
마당 옆 남새밭에 봄비가 내린다

여름이 꼬리를

입추 지나 말복 오고
말복 지나 처서 오니 백로가 넘본다
바람 끝에 찬 기운 묻었다

낮에는 햇볕 쬐며 기승부리다
밤 되니 옷을 챙기란다
막바지 여름이 발버둥친다

밤이 길다 낮이 길다 줄다리기 하던 여름
백로에 놀라 한풀 꺾이더니
추분이 무서운지 꽥 소리 못한다
여름이 간다고 꼬리 내린다

하늘이 파랗다

동서남북
눈을 부릅뜨고 하늘 쳐다봐도
구름이 없다

하늘에 빗질하고
파아란 수건으로 닦았나
하늘이 파랗다

구름이 어디로 갔을까.
야반도주하였을까
울고불고 사랑하던 그님 찾아 갔을까

구름 없는 하늘에서 가을이 내린다.

분 재(盆栽)

손발 군데군데 자르고
팔다리 비뚤어 잡아당겨 철사 줄로 매어놓고
목마를 때 물 주고 몸뚱이 씻어주고
춥거나 더울 때 안으로 밖으로 옮겨주며
비좁은 그릇에 담아 예쁘다 하네

비 오나 눈 오나 바람 불고 가물어도 좋으니
산천에 뿌리 뻗고
철따라 변하는 세상 바라보며 한(恨)없이 살고 싶다며
쑥쑥 자랄 곳으로
나비처럼 가려고 용(勇)쓰고 있네

누가 이렇게 만들었을까!

나는 운전기사

초록 벌판에
글 실은 화물차 운전기사 되어
쌩쌩 달리고 싶다
연료는 다하고
타이어 펑크 나고 브레이크 없어도
내 마음 달린다

언제나 어디서나
생각나면 긁적인다
시가, 수필이 넋두리 될까
망망한 초록벌판
글 실은 화물차 나는 운전기사

비 맞는 더위

밤낮
지겹게 대들던 얄미운 놈
어젯밤 비에 맞아 죽는 소리 들었다
더 맞기를 바랐다
때리는 소리 맞는 소리
교향곡 듣는 듯 시원하고 통쾌하다

아침저녁
바람 맛이 다르다
작년에 온 한파 올 준비하나 보다

여름 내내 싸우느라
열 받은 선풍기
비싼 음식 골라먹던 에어컨
고생이 많았다

북풍한설 한파 오면
맞을 준비하여야지

하늘이 세수하고

우르르 뻔쩍
뇌성이 번갯불 피운다
하얀 구름 검게 타
하늘 가리고 장대비 쏟는다
구수한 흙 향기
흙탕물에 실려 개천으로 밀고 간다

앞산에서 번쩍
번개가 하늘 가르고
바람이 구름 밀고 간다
소낙비에 세수하고
번개로 화장하여 얼굴 내민다
해맑은 파란 하늘

양재천 까치집

-개포동에서 버스 기다리며

미루나무 꼭대기
까치 네 마리 까악~까악~
봄이 오면 쓰려고 사랑집 짓나 보다

이 나무 저 나무 다니며
나뭇가지 주워 얼기설기 얽어놓고
양재천으로 날아간다
지푸라기 입에 물고 두리번두리번 살피다
둥지 짓는 가지에 사뿐히 옮겨 앉네

사랑집 짓는다고
식구가 늘 거라고 동네방네 알린다고
까악~ 까악~

낙엽이 내년 봄에

-감나무 낙엽을 태우며

마당에 흩어져 있는
감나무 낙엽 태우려고
갈퀴로 긁어 모아 아궁이에 넣는데
지나가는 바람이 낙엽을 부른다
그곳에 있으면 불에 타 죽는다고
어서어서 나오란다

불씨 뒤집으니
하얀 연기에 향기를 뿜어댄다
연기 되어 날아가고 재가 되어 흩어지며
내년 봄에 오마 한다

낙엽은 떠나가고
앙상한 감나무가지 바람결에 흐느끼며
내년 봄에 만나잔다

봄 오는 소리

소리가 들린다
바람결이 새싹을 움틔우려고 울타리 밑을 헤집는
봄 오는 소리

밤하늘에 반짝이는 별소리 구름 소리
눈으로 들려오고
나뭇가지 산새 소리 양지 마당 병아리 소리
귓전으로 들려온다.
봄 오는 소리가 살갗에 닿는다

봄 마중 가려는데
봄은 정녕 마당 가운데 놀고 있다
부질없긴 하지만 나뭇가지에 매달아 두고
가지마라 빌어본다

봄아! 봄아!

4부

물새 되려다

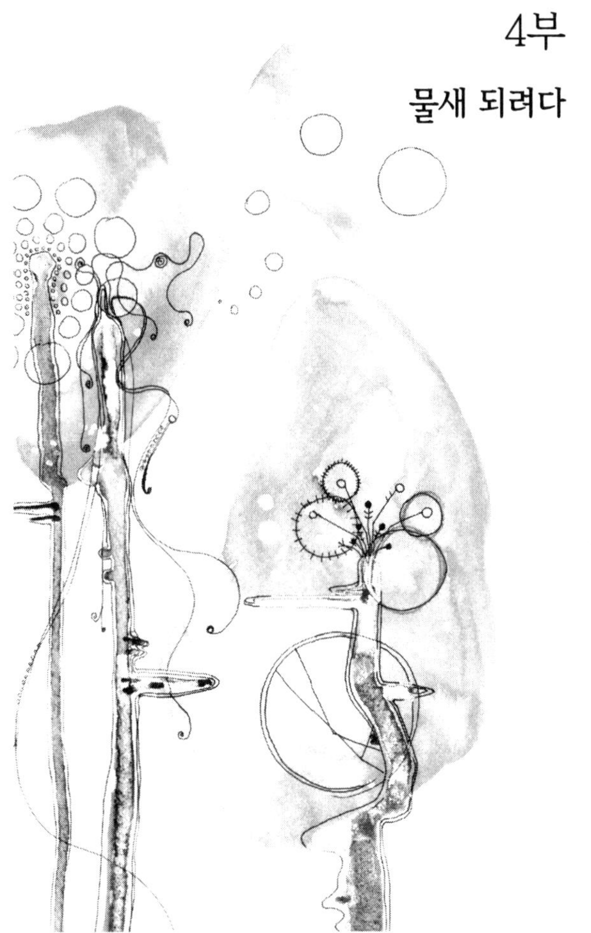

보자기 같은 마음

잘못된 일 있더라도
덮어주고 가려주는 너그러운
보자기
슬프거나 외로울 때
받아주고 받쳐주고 위로하고

그리움이 있을 때
담아주고 쌓아주고 챙겨주는
도움이 필요할 때
당겨주고 맺어주는 끈이 되어 미더운

보자기 같은 마음이 내 곁에 서성인다

출근 길이 응급실로

아! 아! 인생은 연극인가
아침에 일어나니 눈앞이 흐리다
눈에 뵈는 게 없다더니, 이게 무슨?

출근 대신 미금 안과병원
분당 서울대학교병원 응급실
뇌졸중 집중치료실에서 며칠
일반병실에서 며칠

일주일간 주연배우 끝내고 하단한다
인생은 연극인가
흘러가는 한조각 구름인가!

모두 그곳으로

허리는 구부등하고 배는 튀어 나와 처졌고
걸음걸이 뒤뚱뒤뚱 입은 합죽 보청기 보일락 말락
옷이 재혼하였나
윗도리 아랫도리 짝이 맞지 않다
허리띠는 위로 당겨 허리춤 단추 느슨하게 잠겼네
수염은 텁수룩 머리카락 헝클 벙컬

한때 내로라 하였을 텐데
젊은이 보며 부러워한다
마음 넉넉해 보이나 눈빛은 바래었다
아이 보면 웃음 준다

백세 시대라 몸과 마음 배겨낼까
누가 먹여 살려줄까
쟁쟁하였던 시절에 준비는 하였을까
저승꽃 보이는 사람 많아진다
모두 그곳으로 가고 있네

인생은 여럿이 하는 무대다

노래하고 춤추는 데만 무대일까
살아가는 한평생이 무대다
배역이 달라지면 대사도 몸가짐도 달라진다

가정이나 직장이나
자기가 택한 배역 있고, 남이 준 배역 있다
내가 할 배역 있고, 남이 할 배역 있다
좋든 싫든 결정되면 물릴 수 없는 것

인생은 여럿이 공연하는 무대다
혼자서 하지 말고, 혼자 하라 하지마라
내려가고 싶어도 내려갈 수 없는 무대
맡은 배역 잘하면 무대가 빛난다

무대 아래 무대 옆에 많은 관중 보고 있다
칭찬도 하지만 야유도 있단다
잠자는 관중도 시비 거는 관중도
인생은 무대다, 한평생이 무대다

지란지교(芝蘭之交)가 그리워

살아가면 갈수록 맑고도 고귀한
지란지교가 그립구나

먹으려 갈까 하면 반기며 오라고 할까
쉬어 가련다 하면 흔쾌히 쉬라고 할까
갖고 싶다 하면 선뜻 가지라 할까

지란지교(芝蘭之交)가 있을까
관포지교(管鮑之交)가 있을까

옛날에는 친구 집에서
먹고, 자고, 쉬고, 얻어가기도 하였는데
많이 변한 친구 얼굴 옛 생각이 나는구나
친구 마음도 변하였고 내 마음도 변하여가네

내 탓인가 남 탓인가 탓 하여 무엇하랴
芝蘭之交가 그립구나

아! 슬프도다

이게 뭔 말이요 가셨다는 소식
맞아요! 맞아요! 정말 맞아요!
그럴 리가 없는데 믿어지지 않는데
그제 저녁 모임 때
와인 잔 앞에 놓고 이 잔이 삼천 원
몇 잔을 채워도 삼천 원, 먹을수록 싸진다며
위트(Wit) 있는 말솜씨에 빙그레하시던 그 모습
모임 때마다 생 막걸리 준비하여 이 술이 최고야!
쇼핑백 뒤적여 식탁 위에 올려놓던 그 모습

인자하신 그 얼굴
산 오르기 좋아하고 약주도 즐기셨는데 가셨다니
그럴 리 없는데 믿어지지 않는데
산마루 구름 위에 생 막걸리 올려놓고
한(限)없이 즐기세요.
때가 오면 우리 모두 거기로 갈 겁니다
嗚呼! 痛哉!

인생은

태어날 땐 혼자
살아갈 땐 여럿인데
모여 살다 보면
주거니 받거니 알콩달콩 지지고 볶고 나누고
인생은 허구(虛構)다

맨손으로 왔다 빈손으로 돌아간다
인간은 하잘 것 없는 미물(微物)
더하고 빼고 곱하고 나누고 나면
다같이 빈손이다

인생은, + - × ÷ = 0

난, 스마트한 네가 좋아

네가 누구야
살아 있지 않고 수명은 있네

눌러도 터치(touch)해도 민감하게 움직이고
소리하고 노래하고 생각도 깊어
어느 나라 말을 해도 어느 나라 글을 써도
물으면 답해 주는, 너

아침 마다 깨워주며 일정도 알려주고
사진 찍어 보관하였다 보고 싶을 때 보여주며
편지 써 보내면 가까운 곳 먼 곳이나
빠르게 배달하고 답장도 받아 오네
세상 도는 소식도 끊임없이 알려주는, 너

바이러스 걸리면
엉뚱한 행동하다 꼼짝달싹 못하지만
추우나 더우나 춥다 덥다 아니 하고
밤낮으로 내 곁에 머무는, 너

길 가다가

-「일흔, 돌아보다」 책 내고

길 가다가 돌아보니
높은 산, 하나 희미하게 보인다
저 산을 내가 넘었구나!
산 이름 '일흔, 돌아보다'*

내 곁에 여인은
이제 그만 쉬란다
가던 길이라 걷고 싶은데
잠시 쉬었다 살며시 가볼래

*「일흔, 돌아보다」 : 저자가 쓴 책이름

한 몸에서 나서

언덕 밭에 심은 콩
떡잎이 돋아났네
뿌리 생겨 줄기 나고, 가지 생겨 콩잎 붙어
콩꼬투리 열리네

한 몸에서 태어나 뿌리 줄기 가지 콩잎으로
제 갈 길로 가네
땅속으로 내리고 하늘로 솟고 옆으로 뻗고, 햇볕을 가리며
자기 할일 한다고 멀어져 가네

여름 가고 가을 되니
한 몸에서 자란 무성하던 줄기도 말라붙어 땔감 되고
마당에서 타작하여 알맹이만 거두어지네

한 세월 지나고나니
남는 것은 콩 뿐이네

미리 부의(賻儀)를

친구야, 만약 네가 어떻게 되어도
내가 찾아 갈 수 없을 거야 그래서
오늘 미리 부의를 하고 싶네
돈으로 아니고 이것으로 말일세
자네가 항상 갖고 다니는 생가죽주머니
텅텅 비워서 오게나
오늘 음식준비 하였다네
가지가지 마음대로 주머니에 넣어가게
아무도 주지 말게, 자네에게만 줌세

자네가 만약 어떻게 되어
너 떠난 곳에 내가 찾아가도
거기 사람들 나를 모를 거야
내가 누구라하기 귀찮고 구구절절하여
어쩐지 찾아가고 싶지 않구나
오늘 미리 부의를 표하네
친구야, 어서 오게나.

누에처럼 잠이나

한여름 더운 날 밤
잠은 오지 않고 여러 생각에 젖는다

지나온 세월 동안 슬펐던 것만 생각나고
몸은 군데군데 말썽 일으키고
흘러온 나날이 허무하고 서글프다

아들딸 며느리 있으나마나 하고
손자손녀 시간 없다고 볼 수 없고
소식은 궁금한데 전화도 할 수 없고
마루를 닦으며 외로움 달랜다

이러다 아프다 하면 '하지마라' 하였는데
원망만 하겠지
잠은 오지 않고 소식도 오지 않고
외롭고 서글퍼진다
누에처럼 말없이 한잠*이나 자 보았으면.

*한잠 : 누에가 이틀 동안 깊이 자는 마지막 잠.

허무, 무정

아침마다 나갔다
저녁이면 초췌하여 집으로 돌아오던
기계 같은 아저씨
한 달 내내 일하고
속주머니에서 꺼내던 노오란 봉투
보인지 오래다

오래되고 낡아
제 기능 못하고 쓸모없는 짐덩어리라고
요양원에 보내어져 조용히 쉬라네
도리원도 요양원도
어디를 가더라도 낡지는 않아야 하는데
흐르는 세월이 허무하고 무정하다

녹이 슨 머리

원고를 보냈더니
선생님이 한마디 보내왔다

한두 개 빼고는 좋습니다
말하고자 하는 것이 더 커도 좋겠고요
재미를 더할 수 있습니다
깊이를 더해 형상화시키는 작업도 좋습니다.

한마디 한마디가 나의 심상을 꿰뚫고 있다
그래! 맞아!
그래야지 하지만
녹이 슨 기찻길을 달리는 기차처럼
글을 쓴다.

물새 되려다

해운대 백사장
물새 한 마리 나래 편다
파도에 밀려오는 모래알에 넋 잃고
나래 내린다

황금 빛 모래알
밀려오는 물결 따라 하염없이 뒹군다
잔잔한 파도가 왔다간 백사장
나그네 얼굴 그렸다 지운다

넋 잃은 길손
날고 싶은 마음 파도에 던지고
탐욕도 벗어놓고
촉촉한 백사장에 맨발로 걷는다.

오늘의 시선視線 · 1

-믿어도 될까

남는 게 없다
국민을 위하여 나라를 위하여
믿어야 하나

할 일 무더기로 밀쳐놓고
끼리끼리 쌈박질하고
국민을 위한다 나라를 위한다
모두 헛말, 모두가 거짓

때가 왔나 보다
무리지어 다니다 또, 싸운다
허리를 굽힌다, 손을 내민다, 엎드려 절한다
우리 동네 사람들
일 잘하는 일소를 찾아야 할 텐데….

오늘의 시선視線 · 2

-이러다 행여나

마당이 시끌벅적
안타깝고, 애처롭고, 허탈하다
어떻게 이럴수가
묻어두고 들추고
떼 쓰며 날뛴다 이러다 늑대소년 될라

(원칙 없는 政治에 노동 없는 富
惡貨가 良貨를 구축한다더니
양화인 양 날뛴다)

마당이 뒤숭숭하다
어떻게 이룬 집안인데
정신 가다듬고 눈, 귀 똑바로 떠야겠다
이러다
잘못될까 걱정이다
오랜 역사의 사랑스러운 나의 누리!

밭이랑 놀았나

누이야! 밭이랑 노느냐?
십여 년을 같이 놀았던 밭 보내기 싫어했지
언젠가는 말썽 부리고 떠날 듯하여
상처받고 보내야 하는 슬픈 생각에
미리 보내려 하였지

남의 품에 보내려 도장 찍었다
묵직한 대가 치루고
다시 데려왔다고 즐거워하는 너의 모습

모자 쓰고 수건 걸치고
고랑 파고 이랑 일구고
파헤치고 후비며 뭉개고 고루며 잡초 뽑아내고
땀 흘리며 흥얼거리는 너의 모습 보인다

가꾼 대로 거두고 거짓 없는 땅
늙도록 같이 놀다
애들한테 물려주면 보람 느낄 거라더니
오늘도 밭이랑 놀았나.

5부

금정방 참새

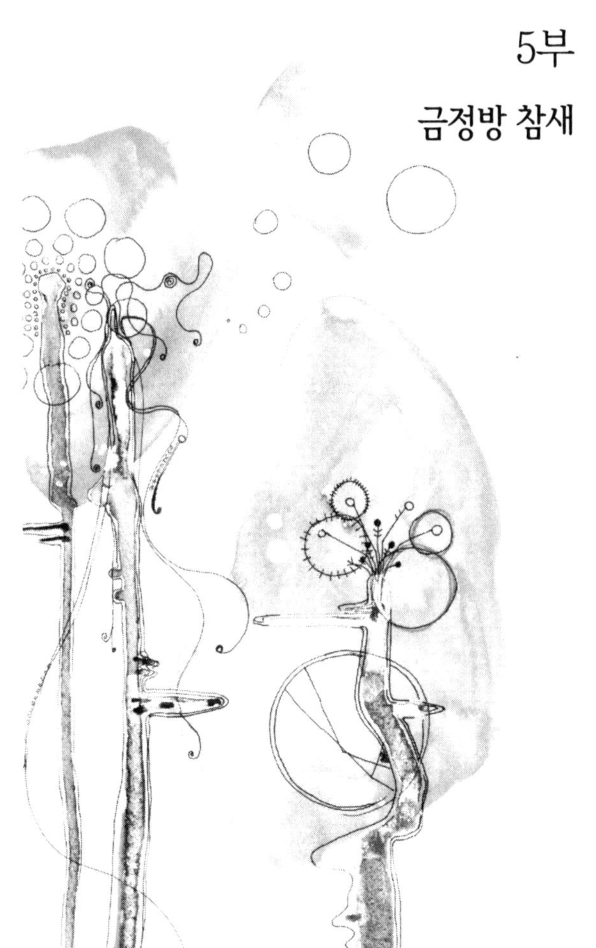

가을볕이 방 안으로

햇빛하고 햇볕이 어깨동무하였네
슬금슬금 기어서 유리창 넘어오며
우리 집 마루에서
나하고 놀잔다
방으로 오라니 냉큼 들어오는구나

두어 시간 같이 놀다 갈 곳이 또 있다네
어디냐고 물으니 서산으로 간다나
소리 없이 슬그머니 방문 열고 나간다

햇볕을 배웅하니
얼굴이 서늘하고
햇빛을 배웅하니 하늘이 어두워진다
갈 때도 슬그머니 올 때도 슬그머니

몸 속에 누군가

나흘 전
몸속에 누군가 자리를 잡는다
있는 둥 없는 둥 하여 무시하였는데
날이 갈수록 느낌이 다르다
조금 머물다 가겠지 하였으나
나갈 생각을 않는다
융숭한 대접을 받아야 갈 듯하다

전문가를 찾아 갔더니 의자에 앉으란다
귀 코 목을 들여다보고
칙칙 하고 물총 몇 방울 쏜다
삼일 분 메뉴를 주며 손님 대접하란다

창구에 내밀었더니
하루에 세 번, 삼일 분을 봉지에 넣어준다
이틀 동안 정성 들여 대접하였으니
내일은 떠나야 하는데
일어설 준비도 않는다

목은 따끔따끔 하고 기침이 난다
이마에 열이 오른다
독감은 아니어야 하는데 찬바람은 불어온다

찬바람 무서워

비가 온다
어제도 왔는데 또 온다
나무 끝에 남은 낙엽을 쓸어내리네

메주 쑤어 뉘어놓고
콩 삶은 물에 고추장 담그는데
내일은 눈 소식 있다네
나무 끝엔 눈이 살포시 앉을 거고
기온 내리고 찬바람 강하게 불 거라는데…

매서운 겨울이 오나 보다
옷 두껍게 입고 외투 챙겨 겨울 마중 가야겠다
찬바람 불지 않으면
올 겨울 쉽게 지나갈 텐데
찬바람은 무서워, 빙판은 더 무서워

금정방 참새

참새가 재잘재잘 세월이 좋다

산천이 좋다고 산으로 들로 쏘다니고
밤하늘 달 보듯이 세상 바라보고
우물가에 앉아서 오가는 사람 살피고
산 속 깊은 숲에서 세월을 낚고
사업 생각 여인 생각에 머리가 복잡하고
학 같이 살려고 이모저모 가려 따지고
부지런히 다니다 좋은 말 물어 나르고
넓게 깔린 구름 속에 무얼 하는지

금정방 참새 대학동창
백민, 월송, 도천, 심원, 성재, 학성, 백송, 운해
여덟이 모여 인생을 낚시하네

시래기 갈비찜

시래기가 돼지갈비를 만난다
갈비가 핏물 벗고
양파 갈고 마늘 다져 고춧가루 넣은 국 간장에 잠겨
한 시간이나 잠을 잔다

부드럽게 삶은 무시래기
겉옷이 벗겨지고, 마늘 다져 고춧가루 넣은 국 간장에
버무려진다
자고난 노곤한 돼지갈비
버무려져 축축한 시래기
고루 섞여 손잡고 냄비 안으로 들어간다
찰박찰박 물에 잠겨
지글지글 끓으며 사십여 분을 견딘다

냄비뚜껑 열리더니 얼굴 내미는 "시래기 갈비찜"
구수한 내음 풍기며 새로 태어났다고 외친다
나보다 더 맛깔나고 건강식품 있으면 나와 보란다
시래기가 찜이 되어
밥상에 올라
자리를 잡았다고 큰소리친다

글 쓰는 세상

문틈으로 들여다 본 글 쓰는 세상
별다른 세상 볼수록 신기하다

문 열고 뛰어드니
밀림 속에 들어온 발가벗은 나
온몸이 오싹하다
피부로 스며드는 향, 혀에 닿는 맛
보이고 잡히는 것마다 새롭다

자유로워 보이나
지켜야 할 것도 있어 사람들이 모였다
글 쓰는 세상에 발을 담구고
삶을 나누며 아이처럼 즐거워한다

귀뚜리 소리가

가을이 오려고
여름이 땀 흘리며 발버둥치는데
귀뚜리 소리 들리나 했더니
이명(耳鳴)이라네

들리지 않으면 멀뚱멀뚱 할 텐데
심하지 않으니 다행이다
이명이 잠잠하니 귀뚜리가 요란하다
가을이 오려나.

출근

쇠막대기 달려온다
들어간다
내렸다
계단 오른다
와!
해 보인다

기다린다
철통에 들어간다
멈춘다
문 열린다
내렸다

벽돌 통에 들어간다
하루가 시작된다.

누이야! 풍성한 가을이

어제 즐거웠다
더구나 너랑 송 서방이 노력하는 모습
더 즐거웠다
갖고 온 짐 보따리
다듬고 정리하다 난 자버렸다
언니는 언제 잤는지
난, 몰라

자고 일어나니 다섯 시 반
눈 비비고 부엌 보니
언니 모습 언니 냄새 물씬 한다

고구마는 몸 말리느라 신문지 펴고 누워 있고
줄기는 한증막 가려고 몸매 다듬어져 기다리고
깻잎은 여럿이 뭉쳐 허리띠 매고 자맥질 하고
동부콩은 여름내 살던 집 부시고 쫓겨나
바가지에 담겨 있고
고추는 학년별로 나뉘어져 다음 학기 준비 중이다

참! 아름다운 모습들
인생도 농사 같이 사계절이다
너는 지금 농작물이 쭉쭉 크는 한여름
비도 햇볕도 더위도
때로는 바람이 필요한 삼복지간이다

누이야!
풍성할 가을이 너를 넘본다.

사뿐사뿐 걸을래

마을 사람 거니는 동네 공원에
벚꽃이 활짝 피어 미소지으며
바람이 살랑하니 꽃비가 내린다

자고나니 공원길에 꽃잎이 소복소복
바람이 뿌렸을까, 산새가 뿌렸을까
고운 임이 찾아와 밤새도록
뿌렸을까

꽃비 내린 공원길
내딛는 발걸음에 꽃잎이 흩어진다
꽃잎을 비켜가며

"오늘도 내일도 사뿐사뿐 걸을래요."

남한산성 감나무 집에

다음 달 첫날 감나무 집에 모여요
문자가 날아왔다
부인들이 친구끼리 십여 년간 모이다가
남편을 동반하니 부부모임이 되었네

타향살이 서울 생활 즐거워도 외롭다고
열 가구가 모인지 삼십여 년 되었구나
올해 초
한 친구가 저 멀리 떠나갔네
때로는 반가웠고 서운할 때 있어도
축하할 일, 위로할 일, 때마다 모였는데
자식들 혼사 끝나고, 소식도 뜸해지고
만날 사연 없어서 자주 만나지 못하고
두 달 만에 모이네

사람 사이 맺음 주는 혈연, 지연, 학연 중에
지연으로 학연으로 맺어진 사람들
이번에도 남한산성 감나무 집으로 오라네.

장 담그기

-이놈을 구하였다, 간장 된장 담아야지
가을 되니 메주 생각, 어디서 콩 구할까
걱정하다 시골고향 가는 김에 고향에서 구하였다

콩 삶아 으깨서 예쁜 메주 만들어
햇볕 바람 잘 드는 베란다 화분대 위에 뉘어두고
요놈이 잘 뜨길 마음으로 빌면서
때때로 뒤적이네
서너 달 지나고 나니
메주 틈 사이로 파란 곰팡이 보인다

정월달 그믐날에
장담을 독아지 불 피워 소독하고
누르스름 잘 띄운 메주 맑은 물에 씻어
독아지에 물 부어 소금 풀고 메주 넣어 장 담그네
낮에는 뚜껑 열고, 밤에는 뚜껑 닫고
정성을 들인다

음력 삼월 그믐날, 간장 된장을 뜨는 날
메주 건져 손으로 으깨 된장독에 담고
간장은 끓여 병에 넣어 보관하네
정성어린 마음인데 장맛이 없을 리가
장맛은 정성이고, 그 집 건강은 장맛이래.

골프가 가고 있다

하얗고 단단하고
군데군데 움푹 패인 조그만 공
몽둥이에 맞아
러프에 숨어도 해저드에 빠져도 어디로 도망쳐도
찾을 때까지 찾아 몽둥이로 또 때린다

때리느라 허리 아파 병원에 갔더니
잘 보내려 하지 말고 공 따라 가란다
잘못 때려 그럴까 잘못 맞아 그럴까
친숙하던 골프 떠나려한다

갈 곳이 아니고 보내려 안 했어도
가라면 가라 하고
공 따라 가면서
마음 달래며 잔디밭 걸을래

꽃바구니

-어버이 날

바구니에 담긴 꽃
탁상에 앉아 향기 뿌려대다
마르고 비틀어진다

물을 줘도 꽃이 마른다
뿌리가 있었으면 마르진 않을 걸
꽃잎에 코 묻고 향기 맡았는데
바스락 소리가 코를 찌른다

마르고 비틀어진 채
자태도 그대로 아름다움도 그대로
고개를 숙이고 내려만 본다

메르스

우시시하면 의심하란다
기침하고 열나면 병원 가란다
마스크 하고 손 깨끗이 씻으란다
사람 모인 곳에 가지 말란다

귀 아프게 듣던 말
바이러스 감염자 의심환자 음성 양성 격리자 자가 격리
확진자 14번 환자 35번 환자 밀실환자 추가 감염 밀접 접촉
사망자 완치 격리해제…
어디로 갔을까

지나가며 남긴 흔적*
확진 186명, 사망 36명, 치료 중 10명, 퇴원 140명,
격리해제 16,693명 마스크도 비타민도 동이 난다

의료진도 정치인도 온 나라가 시끌벅적
생각만 하여도 움츠려지는 메르스
제발 오지 말아다오

*메르스 : MERS. 중동호흡기증후군 질환

*2015. 08. 23. 현재 보건복지부 발표

망가진 립스틱

-어린애가 흉내를 낸다

두어 살 난 아이
볼에도 입술에도 립스틱 찍어 바르고
거울 보며 웃어댄다

그러면 안 된다. 야단쳐도 웃는다
한 번 더 야단치니 표정이 없다
또 한 번 야단에 울어댄다

달래고 달래도 울기만 하다
립스틱을 쥐어주니 뚝 한다
손등에 긁어대다
엄마 눈에 갖다 대고 보라며 웃고 있다

아이는 웃는데
립스틱은 망가졌네
떼쓰던 장난감이나 사 주었으면….

靖武公이 東山亭에

선조의 넋이 깃든 東山亭*
靖武公 東山선생 李好誠의 유적지

靖武公 할아버지

1398년 태어나서 1419년 무과에 급제하여, 40여 년을 나라에 봉직하며 병조판서* 겸 오위도총부* 도총관*을 지내셨다. 세종, 문종, 단종 세 임금을 모셨고 1468년 71세로 세상을 떠나셨다

세종대왕이 하사하신 친필 휘호- 武. 勇. 淸. 介

엄하고 굳셈이 뛰어나고, 강직하고 과단성이 있으며, 청렴하고 결백하고, 옳고 그름을 분별하고 의리가 변함없다고 임금님도 인정하신 靖武公 할아버지, 말 타고 활 쏘는 솜씨가 능수능란하셨다.

1459년 벼슬을 그만두고 낙향하여 이곳에 정자를 세워 풍류를 즐기시고 사대부 풍속을 교화하시던 곳을 1485년 손자가 초가로 중수하여 東山亭 이름하고, 1935년 초라하던 東山亭을 중건하여 종중에서 유지 관리하다 2008년 경상남도문화재자료 441호로 지정되었다.

선조의 넋이 깃든 東山亭에서 검암천 내려보니

냇물은 빙빙 돌아 힘차게 흐르고
한결같은 물줄기는 여항산에서 흘러내려 남강으로 드네.
여기서 팔딱, 저기서 펄쩍, 뛰노는 물고기
먹이 찾아 모여들어 어슬렁대는 황새들
흐르는 물결을 걷어차고 나르는 물총새
예나 지금이나 변함이 없구나.
이마에 손 얹고 검암천 너머 바라보니
아지랑이 아롱아롱 새싹은 파릇파릇
역사를 간직하고 말이 없는 성산산성*
말이산 등성이에 늘어선 고분군
아라가야 도읍지가 한눈에 들어온다

600년이 넘었다는 느티나무
둑방에 뿌리박고 비스듬히 기울어져
나무평상 펴놓고 지나가는 나그네 쉬어가라 손짓하며
보호수 지정받아 보호받고 있구나.

무덤을 찾지 못한
上祖이신 茂材, 2세 永, 3세 杜文, 5세 圭玉, 6세 希廣
다섯 선조의 넋 기리려고
東山亭 주변에 失傳五位祭壇 만들어
매년 한식날 五壇位時享 모시려고

흩어져 사는 후손들 도포의상 차리고, 엄숙한 자태로
선조의 발자취 찾아서 선조의 넋 기리려고
전국 각지에서 모였네!

*東山亭 : 경남 함안군 가야읍 검암에 있는 정자
*병조판서 : 군의 행정담당 수장(국방부장관)
*오위도총부 : 군의 최고기관(군 사령부)
*도총관 : 오위도총부의 수장, 정2품(참모총장)
*성산산성 : 경남 함안군에 있는 삼국시대 축조된 산성(사적67호)

|발 문|

그대, 돌아보는 그리움이 아름다운

신 광 호 (시인 · 문예비전 편집주간)

1.

경남 함안의 한 문한가 출신 도천 이재권(道泉 李再權) 형이 시집 《너 있으니 내가》를 상재한다. 「문예비전」지를 통해 문단데뷔의 관문을 돌파한 것은 늦은 감이 없지 않다. '추천의 글' 〈아름다운 마음가짐과 소통의 시짓기〉를 읽어본다.

"「문예비전」 2016년 3~4월호(통권98호)에 이재권(李再權) 씨의 詩 〈탄금대〉, 〈찬바람 무서워〉, 〈몸 속에 누군가〉, 〈시래기 갈비찜〉, 〈덕유산 가을 나들이〉 등 5편을 추천한다. 이 분은 "나는 문학과 거리가 먼 삶을 살아왔습니다. 몇 년 전 예상도 못한 병원 신세를 지게 되었습니다.

병실에 누워 있으면서 살아온 길을 되돌아보다 지나온 기억들이 사라지면 어떡하나 하여 글을 쓰게 되었습니다."라고 말한 바 있다.

"소통의 부재는 사랑의 부재", "인간은 선과 악의 이중성을 지니고 있다"는 말을 새삼 생각하게 하는 시대를 지나고 있다. 이러한 때 산뜻하고 신선한 감각을 느끼게 하는 시편들을 반갑게 만나본다. 은유와 상징 등으로 좀 더 힘써 바람직한 시단의 길에 함께해 주길 기대한다. 그의 소감처럼.

"성실하고 충실하고 보다 더 삶에 보탬이 될 수 있는 시를 써 보려 합니다. 마음가짐도 추슬러가며 시를 좋아하는 사람들과 함께 하고도 싶습니다."

__심사위원: 신광호(글), 박성철

비가 온다 / 어제도 왔는데 또 온다
나무 끝에 남은 낙엽을 쓸어내리네 //
메주 쑤어 뉘어놓고
콩 삶은 물에 고추장 담그는데
내일은 눈 소식이 있다네
나무 끝엔 눈이 살포시 앉을 거고
기온 내리고 / 찬바람이 강하게 불 거라는데//
매서운 겨울이 오나 보다

옷 두껍게 입고 외투 챙겨 겨울 마중 가야겠네//
찬바람 불지 않으면 / 올 겨울 쉽게 지나갈 텐데
찬바람은 무서워, 빙판은 더 무서워

__〈찬바람 무서워〉 전문

적상산 상부댐
하늘에다 둑 쌓아 정화수 받아놓고
하늘과 땅 사이에 단풍 꽃이 피었구나
보이는 봉우리마다 색동옷 입었네

백련사 가는 길 / 단풍 뿌려 덮어놓고
찬란한 아침 햇살 나무 사이로 달려오고
낙엽은 바람결에 사뿐사뿐 내린다 //
향적봉 산마루
곤드라 타고 오르는데
눈앞에도 발밑에도 지나가는 나무마다
낙엽이 떨어지며 안녕 하며 손짓한다//
고요한 리조트/ 창문 열고 내다보니
오락가락 내리던 비 밤이 되니 그치고
동쪽으로 가는 구름 달빛을 가린다//
아름다운 단풍구경 즐겁기도 하지만
떨어지는 낙엽 보니 한해가 저무네

__〈덕유산 가을 나들이〉 전문

이재권 시인은 "혼자서 함께 걷는 밭길" 당선소감에서 '사람은 스스로 상상하고 예측을 할 수 있다지만 글을 쓸 거라고는 예상하지 못하였습니다. 예측의 한계를 벗어나는 다른 세상도 있나 봅니다. 밤하늘의 무수한 은하세계처럼 말입니다. / 나는 시를 전문적으로 배운 적이 없습니다. 단지 쓰고 싶을 때 생각나는 대로 쓸 따름입니다. 시를 읽고 쓰는 것 모두가 재미나며 쓴 글을 고치는 것도 재미가 납니다. 읽고 고치고 읊다 보면 즐거움이 더해지고 흐뭇하기도 합니다.

만날 때마다 감초 같은 말 한마디로 보잘것없는 글에 감칠맛을 더해주신 신광호 선생님, 문학이란 동네를 서성이는 나를 지도하며 들어가라고 등을 떠민 한상남 선생님, 쓰고 싶은 대로 써보세요, 하며 글 쓰는 용기를 준 질녀 성현옥, '얘야 이 글은? 하면 꼼꼼하게 토를 달아주는 며늘아기, 모두들 내가 시를 쓰게 된 비닐하우스가 되어주었습니다. 등단의 기회로 이끌어 주신 심사위원님께 머리 숙여 감사드립니다. 혼자서 시의 밭고랑을 함께 걸어가려 합니다. 지켜봐 주세요.' 라 밝혔다.

2.

이재권 님을 처음 만났을 때 기억이 새롭다. "「문예비전」을 읽고 누가 찾아온대요." 사무실에서 김주안 편집국장이 말하였다. 1941년 경남 함안에서 태어나 부산대학교를 다녔다. 훤칠한 키에 잘생긴 ROTC 1기로 최전방에서 탱크 소대장을 지내고 국세청과 감사원에서 나랏일을 하였다고. 지금은 공인회계사로 활동하고 있다. 어릴 때 고향 이야기를 곁들인 "스마트폰에 담긴 인생 이야기 『일흔, 돌아보다』"를 보여준다. 〈그리운 질목마을〉, 〈아내의 머리카락〉, 〈사뿐사뿐 걸을래요〉, 〈너 있으니 내가〉, 〈삶에는 만남이〉, 〈오늘밤 데리〉 등 여러 묶음이었고, 이 작품들을 거의 다 1~2년 동안 쓴 것이라는데 무려 200페이지나 되었다. 시의 주제면에서 주로 유소년 시절 고향에서 얻은 소박한 정서들이 많았고 애향심을 고백하였다. 일부 도시생활에 대한 구체적이며 현실적인 작품도 있었는데 감정이 정직하며 직설적인 표현들이었다. 그 뒤로 만나다 보니 다른 문인들에 비해 소통이 잘 됨을 느끼었다.

평생학습의 시대이니만큼 그동안 문예비전에 실었던 글을 다시 읽어보게 되었다. '시인의 임무는 사물에 꿈을 부여하는 일이라고 말해왔다. 사람들이 그냥 지나쳐 버리기 쉬운 사물에, 나의 기억과 추억을 불러들여 머물게 하고, 현재와 미래에 희망을 심어주는 작업이 곧 시의 일인 것도 같다. 이렇게 하여 사물은 언어의 힘으로 새롭게 태어나고 새로운 옷을 입고 새로운 이름을 얻는다. 이 작업은 단순한 관찰이나 감성, 상상력 따위에 의해 손쉽게 이루어지는 것이 아니다. 관찰, 감성, 상상력은 물론 기본적인 것이지만, 그 위에 시인의 독특하고도 다양한 체험과 세계 인식이 먼저 뿌리를 내리고 있어야 한다. 시를 어렵게 생각하고, 어려운 과정을 거쳐 만들어지고, 어려움 속에서 성취된 것이라야, 독자들에게 쉽게 감동을 줄 수 있으리라 생각된다.'

지난 해는 동병상련의 처지가 된 듯 시간에 흐름 당한 내가 되었는지, 시간을 흘려보낸 내가 되었는지는 몰라도 분명히 저녁은 아침이 아니었다. 여기, 이재권 님이 새로운 시짓기를 하여 마침내 우리가 그의 시를 감상해 보게 된다.

여름 밤 시골집 마당
대나무 평상에 누워 하늘을 본다//
별이 똥을 싼다. / 오줌을 싼다.
오른쪽에서 싸도 왼쪽에서 싸도
모두 별똥산으로 떨어진다//
날이 새면 별똥산에
별똥 주우러 갈 테야　_〈별똥산〉· 1

아! 아! 인생은 연극인가
아침에 일어나니 눈앞이 흐리다
눈에 뵈는 게 없다더니, 이게 무슨? //
출근 대신 미금 안과병원
분당 서울대학교병원 응급실
뇌졸증 집중치료실에서 며칠
일반병실에서 며칠 //
일주일간 주연배우 끝내고 하단한다
인생은 연극인가

흘러가는 한조각 구름인가!

_〈출근 길이 응급실로〉 전문

어릴 때 산길은 찾을 수 없구나!
뫼똥 따라 둘레길 생기고
길도 바뀌고, 이름도 바뀌었네. //
밭 언덕에 오들깨 나무 산으로 이사하고
정답던 이름도 오디로 불리네.
삐삐는 어데 갔나 보이질 않구나.

_〈아라 고분 길〉에서

방문이 부유스름하니 날이 밝아온다
눈 비비며 일어나 꼴망태 메고
우리 집 소 좋아하는 바래기 찾아
이 논 저 논 살펴보고 논두렁 타는데
새벽에 내린 이슬 바짓가랭이 적셔주네

_〈꼴망태 메고〉에서

어린 시절의 생활 경험과 사물에 대한 사랑스런 바라봄에서 새로운 발견 또는 감동이 드러나는 동시라 해도 좋을 글이 눈에 띄인다. 뛰어난 표현을 위해 아름다운 낱말을 찾아 솜씨를 펼쳐도 바람직한 작품이 되기는 어렵다고 볼 때, 이 시편들에서 우리가 알 수 있는 것은 지은

이의 생활체험을 만날 수 있다는 점, 기쁨과 슬픔을 그대로 보여줄 때 친밀감을 얻게 된다는 점 등이다. 시 〈별똥산〉, 〈아라 고분 길〉, 〈꼴망태 메고〉에서 우리는 어린 시절의 그를 부러운 눈길로 바라보게 되기도 한다. 시 〈출근 길이 응급실로〉는 몇 해 전 그가 시의 길에 입문하게 된 동기가 되기도 한다. 그를 만나면, 그래서 그의 시편을 감상하다가 아직 어렸을 때의 기억이 많이 되살아남을 느끼며 그의 새로운 발견에 찬사를 보낸다.

마루에 걸터앉아
처마 끝에 떨어지는 빗물을 하염없이 바라본다.
장대 같은 소나기 쏴아 ~ 쏴아 ~ 내리는데
추녀 끝에 모인 빗물 주르륵 주르륵 떨어지고
물 고인 마당에 물거품이 둥둥 뜬다.
__〈마루에서 소나기를 바라보다〉에서

만하봉 오르려고
옛길 찾으니 흔적이 흐릿하다
서재골 지나는데 옛 생각이 새록새록 //
알밤 줍고 칡 캐고, 토끼몰이…
만하봉 봉우리에 발길 멈춘다
__〈만하봉에 올라〉에서

빼곡한 머리카락, 만져보고 흔들어보고 숨바꼭질하다 무리지어 손잡고 숲 밖으로 나온다. // 훤하고 반질반질한 이마, 축구장 같이 넓은 마당 햇살에 반짝이는데 고랑 따라 달리고 뛰놀다 미끄러진다.

_〈구름 타고 놀다〉에서

보길도 가는 뱃전에 기대었다.
땅 끝이 물러가고 어부사시사 들려온다 //
뒤에서 미는가 물 밑에서 미는가
거품 길 만들며 둥실둥실 미끄러져 간다
지국총 지국총 어사와

_〈어부사시사 들리는 곳〉 일부

지나가며 남긴 흔적
(메르스: MERS, 중동호흡기증후군 질환)
…마스크도 비타민도 동이 난다

_〈메르스〉에서

3.

이재권 님의 시에는 경상도 방언이 많다. 2015년 11월 중순에 참가한 전국 시・도 문학인 교류대회가 생각된다. _"문학에서의 방언 모색" (이상규: 전 국립국어연구원장, 경북대 교수). 제15회 한국지역문학인대회 심포지움 주제.

20세기 이후 급격하게 전 인류의 언어와 방언이 소멸하는 다양한 이유를 알아보았다. 흥미있는 제목은, _정원에 한 가지 꽃만 피어 있다면_ 언어의 위반으로부터 시작되는 시적 창조 등이다. 이상규 님의 〈문학에 나타난 방언〉에서 "방언은 민중들의 언어이다. 민중들의 언어는 삶 속에 살아 있는, 생동하는 언어라는 점에서 '민중성'과 '변두리성'을 그리고 '현장성'을 지니고 있다. 문학작품에서 방언을 활용함으로써 '향토적 심미적 충격'이나 '운율적 효과'를 부여하는데 이용되기도 한다. …방언을 포함한 언어는 나름대로 가치를 지닌 인류의 자산이다. 인간의 집단적 지혜와 생존 지략이 반영되어 있으며, 어떻게 결속을 하고 있는지를 보여주는 거울이다." 시인 오탁번은 「헛 똑똑이의 시 읽기」(고려대학교출판부, 2008)에서 "신화적 상상력은 그 민족의 민족어가 지니고 있는 숨과 결에서만 찾아지는 것이다"라고 말한다. 표준어가 '숨'이라면 방언은 그 빛살이 살짝 숨기고 있는 '결'이라고 할 수 있다. 민족 고유의 생활양식이 깃들어 있는 언어의 '숨결'을 표준어로만 재단할 수 있는 것은 결코 아니다.

우리 고장에서는 / 오빠를 / 오라베라고 했다.

그 무뚝뚝하고 왁살스러운 악센트로

오오라베 부르면/ 앞이 칵 막히도록 좋았다.

_박목월, 〈사투리〉 일부

어이! 오래마이다, 문디이 자석아
우째 그리 연락이 없노/ 탁, 쎄리삘라!
요새 형편이 좀 쪼치서 그랬다.
그라모 그렇다 쿠지/ 문디이 자석아!
니가 굴쿠니 굴쿠지, 우째 내가 먼저 굴쿠나//
니캉 내캉 만나모 우째 이리 좋노
(중 략)
누가 머라캐도
얼랄 때 자라난 고향이 좋았다아이가
문디이 자석아!

__〈문디이 자석아〉 (1-1) 일부

지난 11월 1일은 시의 날 30주년을 맞이하여 "자연을 사랑하는 문학의 집 · 서울(산림문학관)"에서 축하 행사를 하였다. 옛날 만나 뵙고 시선집도 내고, 대담도 한 한국현대시인협회 고문이시던 박태진 선생님의 말씀이 생각났다.

"문학이라는 것은 예술인데. 우리 지금 보면 별의별 예술이 다 있어, 그건 예술이 아닙니다. 문학은 예술인데 이것을 정부 · 일반사회가 딴 분야와 혼동을 말아주었으면 좋겠어요." -박태진 원로시인

돌아오는 길에 이석우 학형(경희대 명예교수, 겸재정선미술관장)을 만나 얼음과자를 들고 같이 용인으로 왔다.

12월 문비 화요동아리 날에는 사무실 화면에서 가곡 〈대관령〉을 감상하고 이재권 시인과 동행하였다. 지금 우리나라는 참으로 어려운 시기를 견뎌내고 있다. 이 허전한 저녁 계절에 초당 신봉승 선배님 말씀처럼 "정신적인 근대화 운동을 펼쳐보자!"고 다짐해 본다. 삼가 이 발문을 적으면서 각별한 관심과 성원을 주신 여러분과 〈진실한 사람들〉의 김주안 대표와 박진실 님께 감사드린다. 귀한 시집에 티가 되지 않을까 걱정하면서 많은 독자가 관심을 가져주시길 바란다.

-2017년 2월

이재권 시집

너 있으니 내가

1판 1쇄 인쇄/ 2017년 2월 15일
1판 1쇄 발행/ 2017년 2월 20일

지은이/ 이 재 권
펴낸이/ 김 주 안
펴낸곳/ 도서출판 진실한 사람들
주소/ 서울특별시 종로구 삼일대로 457 수운회관 713호
Tel/ 02-730-3046~7
Fax/ 02-730-3048
E-mail/ munvi22@hanmail.net
등록번호/ 제300-2003-210호
ISBN/ 978-89-91905-69-6

값 10,000원